SABER E ENSINAR ARTE CONTEMPORÂNEA

Renata Sant'Anna

PANDA BOOKS

Copyright © 2009 Renata Sant'Anna

Diretor editorial	**Marcelo Duarte**
Coordenadora editorial	**Tatiana Fulas**
Assistente editorial	**Vanessa Sayuri Sawada**
	Juliana Paula de Souza
Assistente de arte	**Alex Yamaki**
Projeto gráfico e diagramação	**Ana Miadaira**
Consultoria pedagógica	**Josca Ailine Baroukh**
Revisão	**Alessandra Miranda de Sá**
Impressão	**Cromosete**

CIP – BRASIL. CATALOGAÇÃO NA FONTE
SINDICATO NACIONAL DOS EDITORES DE LIVROS, RJ

S223s

Sant'Anna, Renata, 1963-
 Saber e ensinar arte contemporânea / Renata Sant'Anna. – São Paulo: Panda Books, 2009. 52 pp.

 ISBN 978-85-7888-036-1

 1. Arte – Estudo e ensino (Ensino fundamental). 2. Arte e fotografia. I. Título.

09-5103. CDD: 372.5
  CDU: 372.87

2010
Todos os direitos reservados à
Panda Books
Um selo da Editora Original Ltda.
Rua Henrique Schaumann, 286, cj. 41 – 05413-010 – São Paulo – SP
Tel./Fax: (11) 3088-8444
edoriginal@pandabooks.com.br
www.pandabooks.com.br

SUMÁRIO

Introdução • 4

A identidade na arte: o que somos e o que parecemos ser • 6

    O retrato fotográfico • 9

Arte e cidade: um museu a céu aberto • 28

Grafite e pós-grafite: a arte em movimento • 38

    O pós-grafite • 45

Referências bibliográficas • 52

INTRODUÇÃO

Caro professor, cara professora,

Nossas diversas atitudes como educadores tentam promover a pesquisa em artes para enriquecer o ensino e a apreciação da disciplina em sala de aula. A tarefa de fazer os alunos compreenderem a linguagem plástica, aprenderem a ver e a conhecer as obras de diversos artistas brasileiros e estrangeiros é de fundamental importância para construir nos jovens de diferentes idades e de diversas situações sociais o conhecimento e o interesse pela produção artística.

Sabemos das dificuldades de acesso aos museus, centros de cultura e outras instituições culturais, além da escassez de recursos para o ensino da arte nas escolas, fatores que limitam, ainda mais, o trabalho dos professores. Diante da impossibilidade de contato com a produção artística em seus espaços tradicionais, a apresentação da vida e da obra dos artistas em sala de aula torna-se, muitas vezes, a única oportunidade de contato dos alunos com as obras de arte, o que fortalece a importância de publicações que auxiliem os professores nessa tarefa.

Alunos em visita ao Museu Stedelijk, Amsterdã (Holanda).

O livro **SABER E ENSINAR ARTE CONTEMPORÂNEA** tem o objetivo de apresentar alguns caminhos para a organização de um programa em artes visuais por meio de eixos temáticos presentes na produção artística atual: imagem e identidade, e a cidade como espaço de arte. Temas diretamente relacionados ao cotidiano dos alunos, que vivem a transformação do corpo, a preocupação com a imagem na passagem da idade infantil para a idade adulta, e a necessidade de ampliar seus espaços de atuação para além dos muros da escola e da família, construindo uma relação de conquista com o espaço urbano para apropriar-se da cidade.

Acreditamos que o entrosamento com os temas favoreça uma relação entre a arte e a vida, possibilitando uma maior aproximação com os diferentes conceitos, suportes, propostas, espaços e mídias dos trabalhos dos artistas apresentados. O contato com as obras, somado à vivência dos alunos, poderá construir um caminho para compreender o pensamento e as manifestações culturais da sociedade contemporânea.

Considerando a importância do ensino da arte no sistema educacional brasileiro, pensamos ser indispensável o trabalho do professor, pois introduzir as crianças no universo das artes significa garantir sua presença na construção de um mundo que reconhece na cultura a fonte de seus valores essenciais.

Renata Sant'Anna

A IDENTIDADE NA ARTE:
O QUE SOMOS E O QUE PARECEMOS SER

Ao longo da História, por variadas razões e utilizando diferentes materiais, pessoas pintaram pessoas, o que mostra o fascínio do homem pela própria imagem. Além da pintura, os retratos também eram representados em esculturas (bustos), relevos em moedas e medalhões, sepulturas etc.

Na Antiguidade e na Idade Média, os retratos eram símbolos de *status*, um luxo restrito aos governantes e poderosos. Mais tarde, comerciantes e banqueiros passaram a integrar a galeria de retratos na história da arte.

As imagens humanas são um dos mais complexos e fascinantes temas das obras de artistas. Desde a Pré-história, as figuras humanas já eram pintadas nas paredes das cavernas. Esse tema perpetuou-se na história da arte. No Renascimento, tornou-se o tema central da atividade artística. Nos séculos XVI e XVII, os grandes pintores se especializaram em pintura de retratos para servir aos governantes, pois era por meio dos retratos encomendados pelas personalidades do império que os artistas conseguiam riqueza e fama.

Retrato do general veneziano Jacopo Antonio Marcello (1398-1461).

Retrato de Dom Pedro I (1798-1834).

Neste gênero de pintura – retratos – também podemos incluir os autorretratos. Não só governantes e burgueses desejavam ter o rosto perpetuado, também os próprios artistas o queriam. São inúmeros os autorretratos de artistas nacionais e internacionais.

Lasar Segall
Autorretrato, 1927
Óleo s/ tela
50,5 x 39 cm

Apesar de todas as transformações ocorridas na arte ao longo da História, esse gênero de pintura persistiu através do tempo e é, ainda hoje, apresentado de diversas maneiras e técnicas por muitos artistas. Retratos e autorretratos são temas recorrentes na produção artística atual. Os artistas contemporâneos se apresentam por meio de vídeos, fotografias, moldes do corpo. Enfim, uma infinidade de propostas nas quais reconhecemos a **autorrepresentação** como ideia central.

São inúmeras as possibilidades que os artistas encontram para produzir os autorretratos: Leonilson (1957-1993) borda as iniciais em seus objetos (veja na página 15); Carlos Zílio faz uma mancha que lembra sangue e escreve na tela "Auto-retrato"; Alex Flemming mede o corpo e o apresenta com base em sua altura.

© Acervo Museu de Arte Moderna/MAM-RJ

Carlos Zílio
Autorretrato, 1973
Tinta acrílica s/ tela
135 x 85 cm

Vamos pesquisar como, para que e por que as pessoas têm a necessidade e o desejo de serem retratadas ou de registrarem suas imagens, deixando para a posteridade seu registro visual.

O retrato como gênero

"O retrato pode ser considerado um gênero de pintura, como a paisagem, a natureza-morta e a pintura de gênero, em virtude de sua presença em importantes períodos da História da Arte, devido ao fato de que quase todos os pintores e escultores a ele se dedicaram, alguns esporadicamente e outros com insistência. [...] O estudo da arte de retratar deve merecer atenção dos estudiosos pelo caráter artístico e iconográfico e por contribuir para a compreensão de determinado momento de uma sociedade, seus hábitos, suas roupas, sua maneira de viver e, sobretudo, a psicologia do ser dentro da sociedade. Os retratos poderão apenas representar, fixando para o futuro, os traços fisionômicos de um modelo em certo estágio de sua vida, sem outras pretensões. Há autores que encontram intuitivamente o caráter íntimo das pessoas, arrancam de dentro um sentido que, muitas vezes, o próprio modelo desconhece, podendo eles – os retratos – serem públicos, destinados à exaltação de heróis, políticos, reis ou indivíduos destacados em suas atividades profissionais. [...] Períodos houve em que essa vontade foi reduzida ou desapareceu completamente como decorrência do espírito de comunidade que os caracterizava, quando os indivíduos, isoladamente, perdem importância e obviamente a intenção de se fazerem retratar. [...] A história do retrato pode ser estudada por ângulos distintos: sociais, econômicos, psicológicos, técnicos e artísticos e, traduzindo cada um, suas razões e origens".

TEXTO APRESENTADO NO MATERIAL DE APOIO EDUCATIVO PARA O TRABALHO DO PROFESSOR COM ARTE NA XXIV BIENAL DE SÃO PAULO, 1998.

O RETRATO FOTOGRÁFICO

Antes da invenção da fotografia, a pintura de retratos era a única maneira de registrar a imagem das pessoas. Desde 1525, pesquisadores tentavam descobrir outra forma de terem o rosto documentado para a eternidade. Apenas em 1817 surgem as fotografias impressas sobre papel, provocando grandes mudanças na história da arte.

Com o advento da fotografia alguns artistas sentiram-se ameaçados. Pensaram que seria o fim da pintura, que o fotógrafo tomaria o lu-

Fotografia dos anos 1940.

Câmera fotográfica de 1901.

gar dos pintores para retratar as pessoas, registrar as paisagens e acontecimentos históricos da forma mais próxima possível do real. Na verdade, a fotografia libertou a pintura da necessidade de ser fiel ao original, ao modelo. A partir do seu aparecimento, milhares de novas possibilidades foram descobertas pelos artistas, que começaram a explorar novas maneiras de fazer retratos. Em vez de retratar somente as imagens das pessoas, procuravam mostrar seus sentimentos e personalidade. Além da similaridade com o modelo, era necessário que a imagem apresentasse a importância do retratado, seu *status* social, suas atitudes.

Com o passar dos anos, o desenvolvimento tecnológico aliado à acessibilidade econômica promoveu a popularização das máquinas fotográficas. Hoje em dia, a maioria das pessoas documenta suas ações por meio de máquinas digitais, celulares etc., e compartilha essas imagens enviando-as por e-mail, expondo-as em sites de relacionamento, como Orkut e Facebook.

Outra mudança importante foi que a fotografia deixou de ser restrita à documentação de fatos e de registro de momentos, e passou a ser reconhecida como linguagem artística, da qual muitos artistas se valem para criar novas imagens.

Os retratos são populares por duas razões: os retratados gostam de ter a fisionomia registrada para a posteridade, e aqueles que apreciam a pintura gostam de descobrir a aparência das pessoas do passado. Por isso, o tema extrapola a linguagem plástica e abrange a literatura e a música. As biografias, por exemplo, são retratos elaborados com palavras, em vez de pincéis, tintas ou máquinas fotográficas. Algumas músicas também cantam a personalidade e as características de uma personagem ou do próprio autor da letra, como a *Modinha para Gabriela*, de Dorival Caymmi (1975):

Quando eu vim para esse mundo,
Eu não atinava em nada,
Hoje eu sou Gabriela,
Gabriela iê, meus camaradas.

Eu nasci assim,
Eu cresci assim,
E sou mesmo assim,
Vou ser sempre assim,
Gabriela, sempre Gabriela.

Quem me batizou,
Quem me nomeou,
Pouco me importou,
É assim que sou,
Gabriela, sempre Gabriela.

Eu sou sempre igual,
Não desejo o mal,
Amo o natural etc. e tal,
Gabriela, sempre Gabriela.

Outra modalidade de retrato é o falado, usado pela polícia para identificar criminosos e divulgar o rosto dos procurados. Há, ainda, as caricaturas, retratos cômicos de políticos ou figuras públicas que satirizam as "imagens" dessas personalidades, muito frequentes em jornais e revistas que circulam cotidianamente.

Caricatura dos Beatles.

Atividades didáticas

Objetivos

Ao final das atividades, esperamos que os alunos possam:
- Conhecer a importância do retrato e do autorretrato na arte e as mudanças ocorridas nesse gênero de pintura através dos tempos.
- Conhecer diferentes autorretratos de artistas.
- Relacionar a produção do artista com as atitudes do cotidiano, como documentar cenas e pessoas importantes da nossa História por meio de fotografias.
- Refletir sobre a importância e as mudanças ocorridas na produção de retratos e autorretratos após a invenção da fotografia.
- Identificar diferentes maneiras de produzir autorretratos, por meio de linguagens diversas.
- Produzir retratos e autorretratos utilizando técnicas de fotografia, artes plásticas e textos literários.

Duração

100 minutos (2 aulas)

Material

- Obra *El puerto*, de Leonilson (página 15)
- Obra *Autorretrato*, de Antonio Gomide (página 17)
- Retratos diversos (página 13)

Retrato de família do século XIX.

Foto produzida com câmera de celular.

Fotografia pintada a mão, década de 1950.

José Leonilson Bezerra Dias (1957-1993)

"José Leonilson nasceu em Fortaleza (CE) e aos quatro anos de idade mudou-se, com toda a família, para São Paulo. Desde pequeno, Leo, como era chamado pela família, demonstrou grande interesse pelas artes. Aos 11 anos, iniciou sua formação escolar em artes na Escola Panamericana de Artes. Aos 20, ingressou no curso de Artes Plásticas na Fundação Armando Álvares Penteado. Nesse período, Leonilson teve aulas com artistas como Regina Silveira, Nelson Leirner e Julio Plaza. Após três anos, decidiu abandonar a faculdade e, em 1980, frequentou o ateliê de Dudi Maia Rosa, com quem aprendeu a técnica de aquarela.

Entre 1979 e 1985, participou de exposições coletivas no MAC (Museu de Arte Contemporânea da USP) e no MAM (Museu de Arte Moderna), em São Paulo; da exposição 'Como vai você, geração 80?', no Parque Lage, no Rio de Janeiro; e da XVIII Bienal Internacional de São Paulo (1985).

Em 1981, o artista viajou à Europa para organizar a primeira exposição individual, em Madri, na Espanha. Essas e outras viagens realizadas foram muito importantes para o desenvolvimento de sua produção artística.

O contato com outras culturas, com a poesia, a língua e a literatura estrangeiras deu origem a desenhos, pinturas e bordados que misturavam referências religiosas, literárias e poéticas oriundas de seus interesses e vivências anteriores. Os diários e as agendas de Leonilson guardam os textos, as anotações e as impressões dos lugares por onde passou: pequenos desenhos, colagem de tíquetes das passagens e outras recordações de viagens.

Toda a obra de Leonilson se reveste de suas vivências, deixando um registro da capacidade de transformar cada momento, cada um de seus pensamentos e emoções em uma espécie de livro ilustrado de sua vida.

Muitas exposições no Brasil e no exterior e algumas publicações exibem a qualidade da obra de um artista que trabalhou incessantemente. Leonilson usou sua obra como resistência à morte, declarando: 'Não tenho tempo a perder, pintar para mim é uma espécie de vacina'.

Aos 37 anos, após três anos de tratamentos intensos de saúde, Leonilson morreu, em São Paulo, em 1993."

Texto de Renata Sant'Anna e Valquíria Prates publicado no material de apoio ao professor na exposição "Diário de bordo: uma viagem com Leonilson", de 2007.

Leonilson
El puerto, 1992
Bordado s/ tecido s/ espelho
23 x 16 cm

A IDENTIDADE NA ARTE: O QUE SOMOS E O QUE PARECEMOS SER

Antonio Gonçalves Gomide (1895-1967)

Antonio Gomide foi pintor, escultor e professor. Nasceu em Itapetininga, interior de São Paulo, e mudou-se com a família para a Suíça em 1913. Na década de 1920, instalou seu ateliê em Paris e teve contato com artistas europeus ligados ao movimento de vanguarda. No ambiente parisiense conviveu também com Victor Brecheret (1894-1955) e Vicente do Rego Monteiro (1899-1970).

De volta ao Brasil em 1929, participou do cenário artístico e político de São Paulo, alistando-se nas tropas constitucionalistas da Revolução de 1932. Neste mesmo ano fundou o Clube dos Artistas Modernos (CAM), em parceria com Flávio de Carvalho (1899-1973), Carlos Prado (1908-1992) e Di Cavalcanti (1897-1976).

Tornou-se socialista e sua arte se direcionou à temática nacional e popular, com ênfase na sensualidade e no ritmo das figuras africanas. Sua pintura é marcada pelo estilo cubista do *art déco* – como nos cartões de estamparia, nos estudos de painéis e vitrais e na arte religiosa dos anos 1920 –, bem como no expressionismo – nas figuras toscas, com ausência de desenho. Além da participação efetiva na modernidade paulistana, é significativa sua produção de painéis em afrescos e vitrais espalhados pela cidade.

Entre 1952 e 1954, lecionou desenho na escola do Museu de Arte Moderna de São Paulo. Nos anos 1960, Gomide começou a perder a visão, fato que quase o afastou da arte. Ele continuou se dedicando a lecionar, transmitindo para as novas gerações a herança modernista, e encontrou na escultura uma maneira de continuar suas atividades artísticas. Quando sua visão ficou mais comprometida, Antonio Gomide retirou-se para Ubatuba, litoral de São Paulo, onde viveu em reclusão até sua morte, em 1967.

Antonio Gomide
Autorretrato, 1930
Óleo s/ tela
105,5 x 48 cm

1. Compreensão de conceitos

Inicie a atividade perguntando aos alunos:
- Qual a função do retrato? Por que retratamos as pessoas?
- Quais são as diferenças entre o retrato e o autorretrato?
- Quais seriam as outras formas de nos retratarmos além da fotografia, da pintura e do desenho? (Uma música, um poema?)

Após essa discussão, disponha as imagens dos autorretratos dos artistas selecionados nas paredes da sala de aula. Caso as imagens sejam pequenas, passe-as de mão em mão. Após a observação, solicite aos alunos que façam perguntas, levantem hipóteses, compartilhem dúvidas e questionamentos. Uma forma de sensibilizar o grupo é perguntar a respeito dos aspectos visuais da obra:
- O que vocês estão vendo?
- O que ele segura nas mãos?
- É possível identificarmos sua profissão? (A presença da paleta e do pincel na mão identificará o pintor.)
- O que nesta pintura faz você pensar que este homem é pintor?

Procure relacionar o retrato com a vivência dos alunos:
- Vocês já foram retratados? Como?
- Quem fez seu retrato?
- Se fossem ser retratados por um artista, como se vestiriam?
- Quais objetos vocês gostariam de mostrar em seus retratos? Por quê?
- Se fossem se autorretratar, como o fariam? Como Antonio Gomide, que pintou seu retrato, ou como Leonilson, que escolheu um objeto pessoal e bordou as informações sobre ele? Por quê?

Após esses questionamentos, proponha uma discussão sobre a diferença entre as obras de Antonio Gomide e Leonilson:
- Por que os artistas realizam retratos de si mesmos?
- Quais são as diferenças entre os dois trabalhos apresentados?
- Se fossem se autorretratar como na pintura de Gomide, que objetos escolheriam para mostrar quem vocês são ou o que fazem?
- Na obra de Leonilson, ele não apresenta a sua imagem, como normalmente vemos em autorretratos, mas dados de seu corpo – altura e peso – e de sua existência – data de nascimento e idade – bordados em objetos que lhe pertencem como roupas ou pedaços de lençóis. Se vocês fossem se representar como Leonilson fez, que objetos e informações escolheriam?
- Como vocês acham que poderia se representar sem que sua imagem aparecesse?

- Nossa impressão digital pode ser considerada um autorretrato? A carteira de identidade é um retrato? E nosso tipo sanguíneo?
- O nosso corpo conta como somos? A cor dos cabelos, dos olhos, a nossa altura, peso?

Compare e destaque as diferenças dos autorretratos atuais em contraposição a outros realizados em diferentes épocas.

2. Construção de retrato

Peça aos alunos que escolham a maneira como gostariam de ter a imagem reproduzida. Eles podem escolher roupas e adereços ou, simplesmente, apresentarem-se como estão vestidos na aula, ou com os objetos escolhidos.

Aos que preferirem ser retratados por meio de um objeto pessoal, peça que definam como gostariam que esse objeto fosse fotografado: sozinho ou com a presença de seu dono. Esse objeto teria uma marca pessoal, como as iniciais ou a assinatura?

Fotografe-os, imprima as fotos e monte um painel na sala de aula. Se não houver disponibilidade do uso de máquinas fotográficas, podem ser usadas outras linguagens como o desenho, a pintura ou o bordado.

Uma alternativa para a realização desse trabalho é o uso de fotografias trazidas de casa. Recolha as fotos e faça cópias ampliadas. Sobre elas, os alunos poderão colar imagens recortadas de revistas, juntar fotos de si mesmos com diferentes idades, desenhar, pintar, construindo um novo retrato.

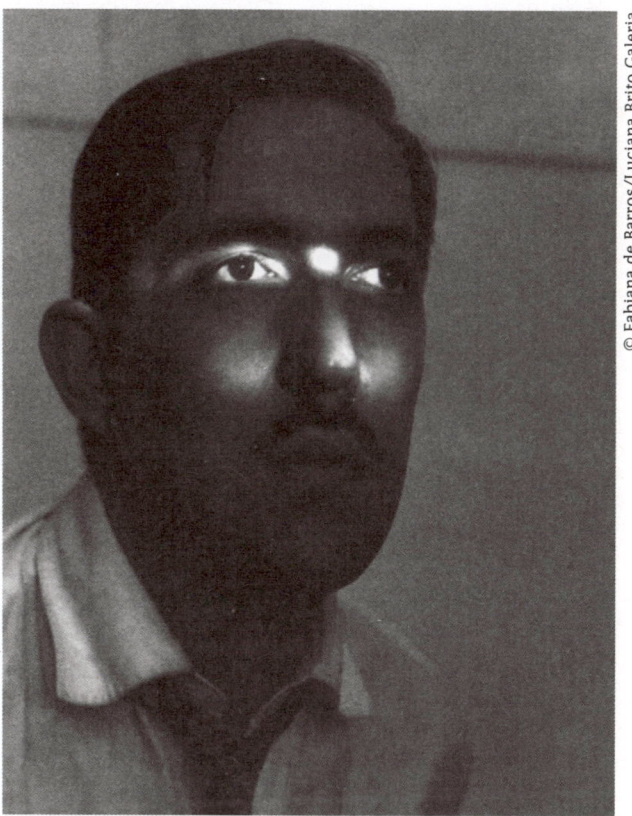

Geraldo de Barros
Autorretrato, 1949
Fotografia
40 x 30 cm

3. Autorretrato dramatizado

Peça aos alunos que tragam de suas casas roupas e acessórios que possam caracterizá-los, como na obra de Antonio Gomide, em que ele se apresenta pintor por meio da presença da paleta e do pincel nas mãos. Dê exemplos: quem gosta de futebol pode trazer a camiseta do time e a bola; quem dança balé, a sapatilha etc.

Ofereça também a alternativa de selecionarem algum objeto de uso pessoal e a elaboração de uma marca que os identifique, como Leonilson fez na obra *El puerto*. Organize, em um canto da sala, as várias vestimentas, adereços e maquiagem, além de um espelho, para que os que optarem pela representação por meio da imagem possam se vestir.

Solicite que cada um apresente os elementos que trouxe e peça à classe que faça uma apreciação, uma leitura das escolhas de cada um. No final de cada apresentação pergunte se as hipóteses levantadas combinam com a intenção do aluno.

4. Produção de um autorretrato

Para essa atividade, solicite aos alunos que tragam de casa um pequeno espelho. Se houver possibilidade, peça que a escola compre os espelhos.

Antes de iniciar o desenho, é importante que eles observem o próprio rosto por um período.

É necessário esclarecer que o desenho é apenas um registro, e não vai retratar o rosto do aluno exatamente como ele é.

Para diminuir a expectativa com o resultado do trabalho, mostre autorretratos elaborados por artistas que não têm a preocupação de se retratar fielmente, para exemplificar as várias maneiras de representação.

Ser e parecer

"O que uma pessoa realmente aparenta ser é uma coisa; o que ela gostaria de parecer é outra. Para figuras da vida pública, a segunda proposição reveste-se frequentemente de muito mais importância. Sabemos como os políticos se esforçam, hoje em dia, por trabalhar suas 'imagens'. As personalidades régias do passado não eram menos sensíveis nesse aspecto. Para os retratos de cabeças coroadas, a semelhança física é apenas parte do que se requer: a imagem de um rei deve parecer, em seus íntimos detalhes, a de um rei."

WOODFORD, SUSAN. *A ARTE DE VER A ARTE*. RIO DE JANEIRO: JORGE ZAHAR, 1983.

Iberê Camargo
Autorretrato, 1983
Óleo s/ tela
58 x 160 cm

5. Pose para um retrato

Peça a um aluno que pose para um colega como se fosse um modelo.

Levante as dificuldades de ser modelo, como ficar imóvel por um longo período na mesma posição, não poder observar o que o artista está fazendo e muitas vezes não ficar satisfeito com o resultado.

Depois que o colega fizer o desenho, os alunos trocarão de papéis, para que o "artista" seja retratado também.

Outra possibilidade de realização dessa atividade é sugerir aos alunos que peçam a alguém da família que pose como modelo. Solicite que tragam os trabalhos para mostrar aos colegas e expliquem a escolha dos elementos que utilizaram.

6. Escrita de um retrato

Comece com uma roda de conversa em que cada um falará das coisas de que gosta ou não de fazer. Você pode escrever na lousa uma lista de cada uma das categorias. Em seguida diga que vai ler um poema que trata desse assunto.

"Meu retrato
Acho que não sei contar histórias. Assim de voz alta. Mas penso que sou capaz de contá-las escrevendo.
Gosto do amanhecer, de chuva, de cachorro-quente, de lua cheia, de café e de livros.
Gosto dos meus amigos e de bater papo no frio, quando a casa fica quentinha.
Detesto guarda-chuva e sapato apertado. Tenho saudades de muitas coisas, durmo pouco e esqueço datas de aniversários. Não sei desenhar e isso me deixa frustrada. Quando canto, desafino. Então, agora, canto só para mim.
Acho os jovens maravilhosos. As crianças me comovem.
Queria muito conhecer a Austrália, mas jamais viajarei de navio.
Noutro dia encontrei minha professora, que me ensinou a ler e escrever.
Ela me ensinou mais, muito mais. Por causa dela descobri que os livros me fascinam e que ensinar é bom.
Ah! Ia me esquecendo. Também não sei nadar."

IANNONE, Leila Rentroia. *Com a ponta dos dedos e dos olhos do coração.* São Paulo: Editora do Brasil, 2005.

Após a leitura, peça aos alunos que escrevam um parágrafo descrevendo alguns traços de sua personalidade, fatos importantes de sua vida e desejos para o futuro. Solicite que incluam seus afazeres preferidos, pessoas queridas, lugares, medos, comidas prediletas, passeios etc. Esclareça que a intenção é de que os leitores notem como a pessoa que escreveu se percebe.

Nas páginas 24 a 27 selecionamos outros textos que podem ser utilizados nessa atividade.

Avaliação
Para finalizar o trabalho proponha aos alunos a organização de uma exposição. Todas as etapas da montagem devem ser planejadas em conjunto com a classe. Alguns aspectos a serem pensados e discutidos com a turma:
▶ Qual será o nome da exposição?
▶ Onde ficará exposta?
▶ Quanto tempo durará?
▶ Como será feita a seleção dos trabalhos que serão expostos?
▶ Como serão expostos os trabalhos? Os alunos colocarão molduras?
▶ As imagens dos retratos e autorretratos dos artistas que foram exibidos farão parte da mostra? E os poemas?

- As músicas ouvidas serão tocadas no espaço da exposição?
- É importante que os alunos exponham não apenas os trabalhos plásticos, mas também os poemas e textos que escreveram. Peça que copiem os poemas e textos em papéis de formato grande.
- Quem vai elaborar o convite? O que deverá constar nele? (Não esquecer de colocar o nome da exposição, quem está convidando, a data e o horário da abertura e de encerramento.)
- Produção das etiquetas com nome da obra e do autor e a técnica utilizada no caso de trabalho plástico.

Após a elaboração dessas etapas, solicite aos alunos que escrevam um texto apresentando a exposição e o projeto. Esse texto permitirá ao professor reconhecer o aprendizado do conteúdo central dessa unidade – a representação de si e do outro. Nele, o aluno vai apresentar quais foram os conteúdos assimilados, como ele organizou as informações sobre a história da autorrepresentação nas artes visuais, a presença do tema em outras linguagens e a experiência de representar a si mesmo.

Finalizados os textos, o professor poderá pedir que sejam lidos na classe para que o grupo selecione o que melhor apresente o projeto, e que ficará na entrada da mostra, como normalmente acontece em exposições.

Textos de apoio para a atividade da página 22

"SHOTARO SHIMADA (1929-2009)

Faz mais de 50 anos que no nº 30 da Caio Prado, no centro de SP, funciona o instituto criado por Shotaro Shimada, precursor da ioga no Brasil. Filho de imigrantes japoneses nascidos numa colônia em Bauru (SP), professor Shimada, como era conhecido, veio à capital após a morte do pai. Por um tempo, trabalhou em uma tinturaria para ajudar no sustento de casa. Um dia, o dono do estabelecimento o apresentou a um professor de judô. Resultado: Shimada acabaria sendo tricampeão estadual no esporte. Achava que sempre tinha algo a aprender. Num livro, descobriu a ioga e passou a acrescentar ginástica respiratória nas aulas que dava. A dedicação a estudar e desenvolver a técnica foi roubando todo seu tempo, e o judô foi deixado de lado. A convite da TV Tupi, começou a apresentar um quadro sobre ioga – o que fez por 15 anos. Passou ainda pelas TVs Bandeirantes e Gazeta. 'Ele virou uma celebridade', conta o jornalista Wagner Carelli, que lançou no ano passado um livro sobre Shimada. Foi contratado até para dar aulas ao então governador de SP, Adhemar de Barros. 'É preciso esclarecer: a ioga não elimina o fardo da vida cotidiana. O praticante continuará sendo o diretor de empresa, o operário, o estudante: a ioga elimina o peso de sê-lo', disse, em frase registrada pelo jornalista. Para o filho Mário, o pai deve ser lembrado por seu trabalho – deu aulas até a semana passada.

Morreu ontem, aos 80, de choque séptico e peritonite. Deixa viúva, dois filhos e três netos."

FOLHA DE S. PAULO, 30 SET. 2009, ILUSTRADA, COLUNA OBTUÁRIO.

"Naturalmente bom e afetuoso, generoso e cavalheiresco, sem ódios nem rancores, entusiasta por todas as cousas boas e verdadeiras, tal era o Dr. Estevão Soares, aos vinte e quatro anos de idade.

Do seu retrato físico já dissemos alguma cousa. Bastará acrescentar que tinha uma bela cabeça, coberta de bastos cabelos castanhos, dous olhos da mesma cor, vivos e observadores; a palidez do rosto fazia realçar o bigode naturalmente encaracolado. Era alto e tinha mãos admiráveis."

ASSIS, MACHADO DE. *A muher de preto*. Disponível em: <HTTP://WWW.DOMINIOPUBLICO.GOV.BR/DOWNLOAD/TEXTO/BV000173.PDF>. Acesso em: 22 out. 2009.

"De quem é o olhar
Que espreita por meus olhos?
Quando penso que vejo,
Quem continua vendo
Enquanto estou pensando?"

PESSOA, FERNANDO. EPISÓDIOS: A MÚMIA. IN: *O GUARDADOR DE REBANHOS E OUTROS POEMAS*. SÃO PAULO: CULTRIX, 2004.

"Eu tenho cabelo duro
Mas não miolo mole
Sou afro-brasileiro puro
Da canga meu som me abole
Desaforo eu não engulo
Comigo é o freguês que escolhe
Sushi com chuchu misturo
Quibebe com ravióli
Chope claro com escuro
Empada com rocambole
Tudo que é falso esconjuro
Seja flerte ou *love story*
Quanto a ter porto seguro
Tem sempre alguém que me acolhe."

FRAGMENTO DA MÚSICA *CABELO DURO*, DE ITAMAR ASSUNÇÃO. GRAVADORA ELOMUSIC, 2007. ÁUDIO DISPONÍVEL EM WWW.ELOMUSIC.COM.BR.

"[...] desde o berço começaram todos de casa a chamar-lhe Fadinha, corruptela e diminutivo de Mafalda. E bem lhe assentavam aquelas três sílabas, porque a moça, aos dezoito anos, possuía todos os encantos que têm, ou devem ter, as fadas, e na sua beleza extraordinária havia, realmente, qualquer coisa de sobrenatural e fantástico.

Morena, desse moreno fluido que só Murillo encontrou na sua maravilhosa paleta, de olhos negros e úmidos, narinas dilatadas, lábios grossos mas graciosamente contornados, abrindo-se, de vez em quando, para mostrar os mais belos dentes, cabelos negros como os olhos, abundantes, ligeiramente ondeados, apanhados sempre com um desalinho estético, deixando ver duas orelhas de um desenho tão impecável, que fora crime cobri-las – e todas essas partes completando-se umas às outras no oval harmonioso do rosto, Fadinha, por unânime deliberação do júri mais rigoroso, ganharia com toda a certeza o primeiro prêmio, se naquela época se lembrassem de abrir no Rio de Janeiro um concurso de beleza feminina. Todo o seu corpo se compadecia com a cabeça; era esbelta sem ser alta, robusta sem ser gorda, e as suas formas apresentavam uma extraordinária correção de linhas. As mãos e os pés eram modelos.

Exagerado parecerei, talvez, dizendo que Fadinha reunia a esses dotes físicos as melhores qualidades de alma; entretanto, a verdade é que era boa, afetuosa, submissa e compassiva. Tinha a sua ponta de vaidade, isso tinha, mas que outra mulher não a teria, sendo assim tão bonita?"

AZEVEDO, Artur. *A moça mais bonita do Rio de Janeiro*. Disponível em: <http://www.dominiopublico.gov.br/download/texto/bi000049.pdf>. Acesso em: 22 out. 2009.

"Eis o melhor e o pior de mim
O meu termômetro, o meu quilate
Vem, cara, me retrate
Não é impossível
Eu não sou difícil de ler
Faça sua parte
Eu sou daqui, eu não sou de Marte
Vem, cara, me repara
Não vê, tá na cara, sou porta-bandeira de mim
[...]
Sou pequenina e também gigante
Vem, cara, se declara
O mundo é portátil
Pra quem não tem nada a esconder
Olha minha cara
É só mistério, não tem segredo."

Fragmento da música *Infinito particular*, de Arnaldo Antunes, Marisa Monte e Carlinhos Brown. Gravadora EMI, 2006.

ARTE E CIDADE: UM MUSEU A CÉU ABERTO

Desde os tempos mais remotos, os artistas utilizam o local habitado como fonte de inspiração ou como palco de suas realizações artísticas. Na Antiguidade, esculturas de atletas e heróis eram colocadas nas esquinas de Atenas e de Olímpia (cidades da Grécia). Na época do Renascimento, no século XV, as esculturas de figuras humanas e equestres ornamentavam praças. Esses monumentos exaltavam momentos históricos e homenageavam figuras importantes, perpetuando as lembranças do passado e a memória da cidade e do país. Chamamos essas obras de arte pública.

Não precisamos ir tão longe no espaço e no tempo para vermos arte pública. Inúmeras obras de arte estão espalhadas pelas ruas, avenidas, praças, parques e até cemitérios de nossas cidades, entre elas: esculturas, pinturas em prédios, monumentos e grafites.

Várias cidades brasileiras têm obras importantes. A gigantesca estátua do Cristo Redentor é um marco da cidade do Rio de Janeiro.

Estátua do filósofo Platão (429-347 a.C.), Atenas (Grécia).

Saber e ensinar arte contemporânea

Na mesma cidade, o artista Ivan Freitas (1933--2007) pintou uma paisagem em um muro enorme da Escola Nacional de Música, que nos dá a ilusão de estarmos vendo o mar. Em Brasília, encontramos várias esculturas e murais no Ministério das Relações Exteriores, no Palácio do Itamaraty, entre outros prédios. Em Minas Gerais, as obras de Aleijadinho (1730-1814) compõem a paisagem das cidades históricas. Em Aparecida de Goiânia, próxima à capital de Goiás, o artista plástico goiano Siron Franco construiu o *Monumento à paz* (1988), obra em que utilizou terra proveniente de 16 países dos cinco continentes.

Cristo Redentor (1931), Rio de Janeiro.

Escultura de Aleijadinho, Congonhas do Campo (MG).

Na cidade de São Paulo existem aproximadamente 440 obras distribuídas em diferentes locais. É um verdadeiro museu a céu aberto! No centro, temos o monumento *Duque de Caxias* (1941), uma das maiores esculturas equestres do mundo, do artista Victor Brecheret. Outra obra monumental do mesmo artista é o *Monumento às bandeiras* (1954), localizado perto do Parque Ibirapuera.

Apenas na avenida Paulista, importante marco da cidade, há vinte obras, contando com a escultura de Brennand que está dentro da estação do metrô Trianon-Masp. A primeira obra a ser colocada nesta avenida foi *Índio pescador* (1922). Naquela época, as pessoas andavam devagar, passeavam pela avenida e tinham tempo e espaço para observar e apreciar as obras. Na avenida 23 de Maio, uma das vias de grande circulação da cidade, podemos observar uma grande obra de Tomie Othake. Tomie também fez uma obra que está na lagoa Rodrigo de Freitas, no Rio de Janeiro.

Na maior cidade do Brasil, tem arte para ver em vários bairros. Há obras de diferentes artistas, antigas e recentes, espalhadas por todos os lados, mas não prestamos atenção – não dedicamos tempo para olhar em detalhes a cidade em que vivemos. Apesar de as obras públicas existirem há muito tempo, no passado eram realizadas para a decoração das cidades, dos castelos, parques e passeios públicos, com a

Victor Brecheret (1894-1955) destacou-se nas décadas de 1940 e 1950 com seus monumentos públicos. Entre suas obras mais famosas estão o *Monumento a Duque de Caxias*, localizada na praça Princesa Isabel, em São Paulo, e o *Monumento às bandeiras*, que se tornou símbolo da cidade paulista. Em 1951, Brecheret foi premiado como o melhor escultor nacional na 1ª Bienal de São Paulo.

Monumento a Duque de Caxias (1941), de Victor Brecheret.

proposta de tornar a arte acessível ao público que por ali circulava. Hoje, as pessoas correm de lá para cá, sempre com pressa, e as obras estão apertadas entre um prédio e outro, ou fechadas por grades. Passamos várias vezes por essas obras e não as notamos. Estão sempre lá, paradas, como se estivessem esperando turistas para serem admiradas.

Outdoors, monumentos, grafites, pichações, *stickers*, placas de "vende-se" e "aluga-se", cartazes de shows colados nos muros, tapumes, sinalização de trânsito, entre tantas outras informações visuais, constroem uma paisagem caótica da cidade, confundindo a atenção daqueles que transitam. Em meio a tanta informação visual, parece não haver mais espaço para a arte pública tradicional, como as estátuas equestres.

Os artistas contemporâneos que produzem arte pública levam em consideração a pressa das pessoas, a poluição visual, e, principalmente, a velocidade do nosso olhar. Eles se apro-

A escultura *Índio pescador* é do artista Francisco Leopoldo e Silva (1879-1948), que aperfeiçoou seus estudos no Instituto de Belas Artes de Roma. A obra em homenagem ao homem indígena fica na praça Oswaldo Cruz, na avenida Paulista.

Em homenagem aos 80 anos da Imigração Japonesa, Tomie Othake projetou a escultura em concreto armado de 40 metros de comprimento. A obra fica na avenida 23 de Maio, uma das vias mais movimentadas da capital paulista.

Índio pescador (1922), de Francisco Leopoldo e Silva.

Escultura em concreto armado (1988), de Tomie Othake.

priam das mídias visuais da própria cidade e criam obras que interferem no espaço urbano com a intenção de fazer as pessoas refletirem e interagirem com as obras, usando *outdoors*, televisão, *displays* eletrônicos e letreiros como suportes para seus trabalhos. Regina Silveira projetou com raio *laser* um "super-herói" de grandes dimensões em um prédio da avenida Paulista em 1997, roubando a atenção dos milhares de luminosos que existiam na cidade, antes da promulgação da lei que proíbe a inserção dessas propagandas no espaço urbano.

Repensar as dimensões estéticas da cidade – pensá-la como espaço para diferentes linguagens e manifestações – tem sido uma prática constante daqueles que desejam transpor os muros das galerias e museus, transformando o espaço urbano em um verdadeiro campo de experimentação, um campo desordenado, com pessoas circulando por baixo e por cima de pontes e viadutos, por passagens subterrâneas com gente apressada, que mal se relaciona com o espaço em que vive em função do estilo de vida e da profusão de estímulos visuais.

Os artistas usam novas linguagens e equipamentos públicos em suas ações considerando a aceleração e o deslocamento contínuo das pessoas e, principalmente, a velocidade de nosso olhar. O espaço urbano transformou-se em um verdadeiro caos midiático, no qual artistas e agências de propaganda disputam a atenção

> Regina Silveira iniciou nos anos 1960 a carreira de pintora, desenhista e gravadora. Sua produção artística ficou conhecida pelo uso da sombra dos objetos em perspectiva, desafiando a percepção conforme os pontos de vista do olhar.

Super-herói (1997), de Regina Silveira.

dos passantes. A proposta dos artistas é promover o olhar das pessoas para a sua cidade, propiciando uma observação mais atenta do espaço em que vivem.

Em 2006, o artista plástico Eduardo Srur colocou cem caiaques conduzidos por manequins no rio Pinheiros, em São Paulo, para chamar a atenção da população para um grande problema das metrópoles: a poluição dos rios. Em 2008, dando continuidade a suas ações de alerta para a poluição, colocou garrafas pet gigantes nas cores verde e laranja ao longo do rio Tietê, também na capital paulista. Para completar o trabalho foram oferecidos passeios de barco pelo rio.

Por meio dessa maneira de perceber e utilizar a cidade como suporte de ações artísticas, vários artistas se apropriam de diversos espaços e realizam seu trabalho, colocando-nos diante de problemas da cidade que nem sempre queremos ver, mas dos quais também somos atores responsáveis.

Caiaques no rio Pinheiros (2006), de Eduardo Srur.

> O artista plástico Eduardo Srur é famoso por fazer intervenções urbanas de protesto, com o objetivo de crítica social, como os caiaques espalhados pelo rio Pinheiros para alertar sobre o descarte de lixo indevido e as gigantes garrafas pet colocadas às margens do rio Tietê. Suas obras buscam "uma provocação de sentidos no próprio espectador, que vive imerso em sua anestesia diária durante os deslocamentos na metrópole, diz ele. Em 2008, realizou o projeto "Sobrevivência", em que colocou coletes salva-vidas em 15 monumentos de São Paulo, propondo um resgate da história e de seus personagens.

A autorrepresentação da cidade

"[...] se reconheceria a cidade sem aqueles extraordinários marcos urbanos que são as catedrais e, mais tarde, sem o monumento, que é a mais completa autorrepresentação da cidade e da sua historicidade? Com certeza não. O monumento enquanto forma artística e urbana, em sua presença física e histórica, desmantela a bipolarização arte-cidade. Simplesmente porque como signos não se pode precisar exatamente onde começa um e acaba o outro. Ou o quanto um se sobrepõe ao outro. Qual é espaço, qual é objeto? Se um é espaço físico, tangível, o outro é espaço histórico, intangível. E os papéis invertem-se com bastante constância. Como diz Rossi, 'a forma da cidade é sempre a forma de um tempo da cidade', mas também contém em si tempos diferentes sobrepostos, ou seja, é a forma e sua história. O mesmo pode ser dito em relação aos monumentos, um objeto-história que atravessa diferentes momentos da História.

Do ponto de vista material – objetual – ou histórico, o monumento e a cidade se fundem no mesmo signo, na mesma paisagem e no mesmo ambiente. Contardi [...] achou por bem diferenciar as catedrais dos monumentos, o que é absolutamente normal considerando as acepções usuais do termo a partir da formação das nacionalidades europeias e, principalmente, depois da formação dos Estados burgueses. Porém, na perspectiva de algo que compõe a mais completa autorrepresentação da cidade e da sua historicidade, as catedrais e os monumentos históricos estão em pé de igualdade. Como também estão a Torre Eiffel, em Paris, ou o Cristo Redentor, no Rio de Janeiro. Cidades conhecidas no mundo inteiro por esses marcos. Para muitos que conhecem somente por meio de representações, postais ou cinema, a cidade de Paris são as construções em torno da Torre, ou o Rio, as construções que estão ao pé do Morro do Corcovado. E para os que vivem nelas, são elementos vitais de orientação, ordenação da paisagem e da própria identidade da cidade."

BASSANI, JORGE. *AS LINGUAGENS ARTÍSTICAS E A CIDADE – CULTURA URBANA DO SÉCULO XX*. SÃO PAULO: FORMARTE, 2005, PP.145-146.

Atividades didáticas

Objetivos

Ao final das atividades, esperamos que os alunos sejam capazes de:
▶ Apurar o olhar, percebendo as intervenções artísticas na cidade.
▶ Perceber e refletir sobre o diálogo entre a arte e a cidade por meio de temas que apresentam os conteúdos teóricos associados às práticas

artísticas desenvolvidas em sala de aula ou outros espaços da cidade.
- Perceber a cidade como suporte de ações artísticas, um espaço em constante construção do qual todos os habitantes fazem parte.
- Perceber as dimensões estéticas da cidade; a cidade como lugar de diferentes linguagens e manifestações.

Duração
250 minutos (4 a 5 aulas)

Material
- Obras citadas nas páginas 28 a 33 deste livro
- Caderno espiral de desenho ou pautado
- Revistas e jornais
- Máquina fotográfica (se houver possibilidade)
- Cartões-postais

1. Compreensão de conceitos

Mostre as imagens das obras citadas no texto inicial e proponha a discussão sobre a importância das obras públicas nas cidades.

Peça que os alunos nomeiem monumentos, esculturas ou bustos colocados em praças, avenidas ou outros locais da cidade em que vivem.

Pergunte se eles conhecem a história de algum desses monumentos.
- Quais outras manifestações ou intervenções visuais os alunos encontram na cidade onde moram? Grafites? Pichações? Murais? Painéis?
- Converse com os alunos sobre monumentos que conheceram pessoalmente ou já viram em revistas, TV, internet.
- Quando viajam, quais locais escolhem para fotografar? Em frente aos monumentos característicos da cidade?
- Como mostram as cidades que conhecem para pessoas que vivem em outro local?
- O que os alunos enviam às pessoas queridas quando viajam, para mostrar as cidades e os locais que estão conhecendo?
- Eles já receberam ou enviaram um cartão-postal? (Essa não é uma prática comum atualmente, mas é possível incentivá-los a trocar correspondências não apenas virtuais (e-mails) com amigos e parentes de outras cidades).

2. Diálogo com a cidade

Proponha a elaboração de um álbum que registre toda a pesquisa a ser desenvolvida. O álbum pode ser organizado em um caderno de desenho espiral. Ele será um diário em que os alunos poderão anotar todas as etapas do trabalho e poderá conter:
- Matérias jornalísticas sobre monumentos da cidade, da internet ou do jornal.
- Desenhos e registros dos monumentos que encontraram na cidade.
- Fotos (ou cópias) emprestadas por parentes

que estiveram em outras cidades e registraram sua viagem com fotos em frente a monumentos.
- Cartões-postais (ou cópia) que foram encontrados, comprados nas bancas de jornal ou emprestados por parentes ou amigos, que mostrem monumentos de outras cidades.
- Fotos encontradas em revistas.

3. Produção de cartões-postais

A proposta desta atividade é que os alunos produzam cartões-postais. Cada um pode mostrar o que mais gosta em sua cidade, escolhendo uma imagem e transformando-a em cartão-postal. Também é possível propor que os alunos façam intervenções – como desenhos com canetas, colagens de imagens e fotos, carimbos – sobre cartões-postais já existentes, à venda em bancas de jornal.

Para isso, é importante mostrar a eles vários formatos e tipos de cartões-postais. Hoje em dia, é relativamente frequente encontrar *displays* com cartões em restaurantes e bares. Para essa atividade é necessário montar um banco de imagens (veja instruções ao lado).

Montagem de banco de imagens

Proponha aos alunos que passeiem pela cidade à procura de obras públicas em praças, avenidas e ruas, e façam um levantamento dos locais em que aparecem bustos, esculturas ou monumentos na cidade.

Monte uma lista comum à classe e solicite que procurem imagens dessas obras em revistas, jornais, internet etc. Além das imagens encontradas, os alunos poderão fotografar ou desenhar esses monumentos. Também poderão encontrar fotos antigas dos locais da cidade com seus parentes ou moradores mais velhos.

Ao juntar todas as imagens, a classe terá um bom acervo para produzir seus cartões-postais.

Finalizados os cartões-postais, proponha que os alunos os enviem a parentes ou colegas que vivem em outras cidades e que peçam respostas com imagens das cidades em que vivem. À medida que as respostas forem chegando, construa um painel com as imagens recebidas.

Dessa maneira, além de uma experiência prática e criativa, os alunos participarão da troca de informações sobre obras de arte em outras localidades, ampliando o conhecimento e a reflexão sobre a presença da arte pública e suas manifestações em diferentes cidades.

4. Revelação de obras esquecidas

Material
- Papel sulfite A3
- Máquina copiadora ou mimeógrafo
- Banco de imagens (instruções na página 36)
- Fita-crepe

Esta proposta tem o objetivo de mobilizar os alunos em relação às suas responsabilidades com o bom uso dos espaços públicos da cidade. Eles produzirão cartazes que mostrem uma obra pública esquecida pelos moradores, um lugar abandonado ou com muitas pichações, denunciando o uso indevido ou abandono de obras públicas.

Pergunte aos alunos o que pensam que está esquecido ou passa desapercebido pelos moradores da cidade. A pesquisa para montagem do banco de imagens terá possibilitado a exploração de inúmeros locais. O que eles gostariam de mostrar ou denunciar aos moradores?

Proponha a elaboração e a escolha de *slogans*, como: "Você já viu? Pare e olhe!".

Selecionado o tema ou a obra, peça que escolham uma ou mais imagens e elaborem cartazes. Quando estiverem prontos, providencie um número grande de cópias. Programe uma aula para fixá-los pela escola, no comércio próximo etc.

> **Dica:** Se necessário, use o mimeógrafo. Os alunos poderão desenhar ou escrever textos e imprimir os cartazes com essa máquina.

Pichações no Brandenburg Gate, Muro de Berlim, Alemanha.

Avaliação

O álbum elaborado pelos alunos durante todo o processo servirá como base para a avaliação. Veja alguns critérios para serem avaliados:
- Apresentação
- Organização das informações
- Quantidade de material coletado
- Anotações das aulas
- Registros pessoais: textos e comentários sobre as aulas e processo de aprendizado
- Envolvimento e participação no projeto

GRAFITE E PÓS-GRAFITE: A ARTE EM MOVIMENTO

Passeando pelas ruas das cidades, encontramos diversos tipos de grafite e pichações nas paredes, tapumes, muros, túneis, tampas de bueiros e prédios. São nomes, pequenas frases, declarações de amor, propagandas de políticos, desenhos, pichados com *spray* ou pintados com pincel.

No final dos anos 1970, alguns artistas, munidos de latas de *spray*, pincéis e tinta, espalharam vários desenhos pelos muros das cidades. Eram detalhes de obras de arte, figuras das histórias em quadrinhos, ou ainda desenhos de piões, jacarés, entre outros, que enfeitavam a cidade. A proposta desses artistas, chamados de *grafiteiros*, era levar a arte para as ruas: "Transformar o urbano com uma arte viva, popular, de que as pessoas participem, acrescentando ou tirando detalhes das imagens", como disse Alex Vallauri (1949-1987), um dos pioneiros do grafite no Brasil. Eles queriam que sua arte estivesse ao alcance de todos, e não fechada em galerias ou museus. Por todos os lugares havia marcas dos artistas grafiteiros. Os jornais comentavam, a polícia os perseguia, o público se dividia entre os que achavam que o grafite enfeitava a cidade e os que pensavam que a sujava.

Atualmente, vemos muitos desenhos grafitados em nossas cidades, somados a algumas

Nascido na Etiópia em 1949, Alex Vallauri foi pioneiro do grafite em São Paulo. Para compor esta obra, o artista se apropriou do acrobata do quadro *Circo*, de George Seurat (1859-1891), reproduzido na página 44 deste livro. Usando moldes de papelão e tinta *spray*, Vallauri recriou os acrobatas em movimento.

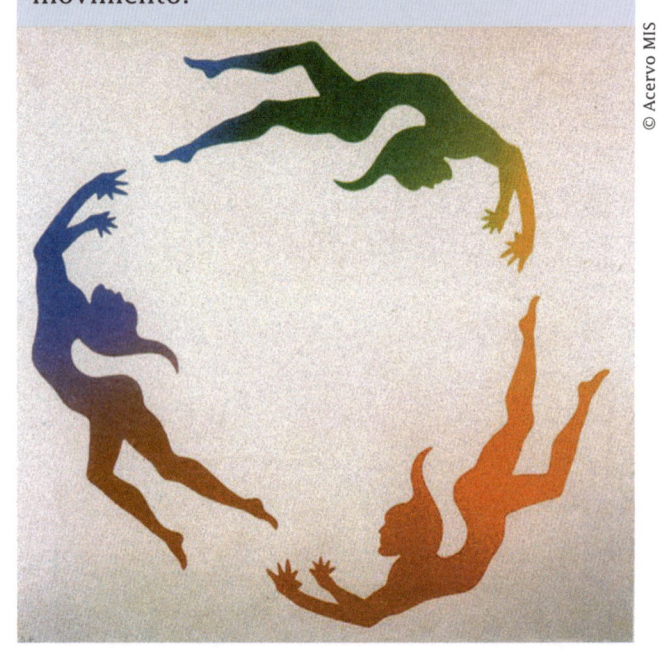

Acrobatas (1982), de Alex Vallauri.

Diferentemente do grafite, as pichações usam nomes e palavras de ordem aplicados com *spray* de uma só cor.

inscrições que não podemos decifrar – marcas de pichadores anônimos que não têm um projeto artístico como os grafiteiros, mas que deixam sua marca por onde passam, em todos os lugares que conseguem alcançar. São imagens que não reconhecemos e que registram a passagem desses pichadores, algumas vezes desafiando a polícia, a segurança de prédios e estragando monumentos.

A história do grafite começou com as gangues de Nova York, que pichavam seu nome ou símbolo para demarcar território. Com o tempo, surgiram grafiteiros com projetos artísticos de intervenção na paisagem urbana.

Keith Haring (1958-1990), um artista norte-americano, começou a carreira grafitando o metrô de Nova York no final dos anos 1970 e tornou-se famoso, convidado inclusive a participar de grandes exposições de arte. Aqui no Brasil, seu trabalho esteve presente na XVII Bienal Internacional de São Paulo (1983). O artista pinta com tinta e pincel e nunca planeja os grafites ou murais. Em uma entrevista ele declarou que seus desenhos "saem da mente direto para as mãos". Disse ainda: "A arte vive através da imaginação das pessoas que a veem. Sem este contato, não existe arte. Eu desempenho um papel de 'produtor de imagens' do século XX e tento entender a responsabilidade e as implicações dessa posição. É muito claro para mim que arte não é uma atividade elitista destinada a poucos, mas para todo mundo. Este é o motivo pelo qual eu continuo trabalhando".

Kenny Scharf participou da mesma bienal. No trabalho realizado especialmente para a exposição, utilizou latas de *spray*, criando enormes painéis com monstros, figuras de extraterrestres e personagens dos desenhos animados *Jetsons* e *Flintstones*. Além de pintar painéis, Kenny Scharf também se apropria de televisões, telefones e outros objetos, repintando-os e reunindo-os em

Keith Haring grafitando a parede do metrô de Nova York (1985).

Detalhe da exposição de Keith Karing na Galeria Paul Maenz, Alemanha (1984).

Na XVII Bienal de São Paulo (1983), o artista Keith Haring criou sua obra durante a montagem da exposição.

espécies de colagens. Declaração do artista: "A minha pintura é uma diversão. Meus personagens fazem parte de histórias absurdas, as cores são irreais, fantásticas, artificiais e malucas".

Alex Vallauri, um dos mais importantes grafiteiros do Brasil, montou uma instalação na XVIII Bienal (1985), chamada "Casa da Rainha do Frango Assado". A instalação consistia de vários ambientes de uma casa com os objetos grafitados: geladeira, fogão, pia, sofá etc.

Em 1996, a XXIII Bienal de São Paulo apresentou as obras de Jean Michel Basquiat (1960- -1988), que começou a carreira grafitando as ruas de Nova York e, em pouco tempo, tornou-se um artista muito conhecido.

A presença das obras desses grafiteiros na mais importante exposição brasileira demonstra como o grafite foi aceito como manifestação artística pelas instituições.

O grafite brasileiro é divulgado em vários países por meio de projetos que convidam os artistas a transformar espaços internos (museus e galerias) e externos (ruas, prédios, paredes) com seus trabalhos.

Cidade grande (1983), de Kenny Scharf.

Rainha do frango assado (1985), de Alex Vallauri.

Alex Vallauri foi o pioneiro do grafite em São Paulo. Algumas de suas imagens foram retiradas de obras de artistas consagrados, como Seurat (1859-1891), outras eram personagens de histórias em quadrinhos ou criadas pelo próprio artista: telefone, televisões, piões etc. Estudou em Nova York e durante esse período deixou sua marca nas paredes da cidade. Assim, enquanto as imagens dos artistas norte-americanos estiveram no Brasil, as dos artistas brasileiros foram apresentadas em Nova York. Essa é uma característica importante do grafite. Os desenhos feitos com máscaras (espécie de molde) permitem a reprodução dessas imagens inúmeras vezes e em qualquer lugar.

Nos dias atuais, a dupla Gustavo e Otávio Pandolfo, conhecida como "OsGemeos", circula por várias cidades do Brasil e do mundo imprimindo imagens em trens, edifícios, museus e galerias.

Jean-Michel Basquiat, sem título (1983).

O pintor afro-americano Jean-Michel Basquiat teve uma carreira curta na arte. Seu período mais criativo foi entre 1982 e 1985, que coincide com a amizade com Andy Warhol, época em que faz colagens e quadros com mensagens escritas, que lembram o grafite do início e que remetem às suas raízes africanas.

O grafite começou como uma arte considerada marginal e perseguida pelos policiais. Hoje é tida como arte convencional, aceita pelos donos das galerias e diretores de museus. O que promoveu essa transformação foi, certamente, seu sucesso. Atualmente existem muitos artistas grafiteiros que espalham desenhos pela cidade e também participam de exposições em galerias e museus, nacionais e internacionais.

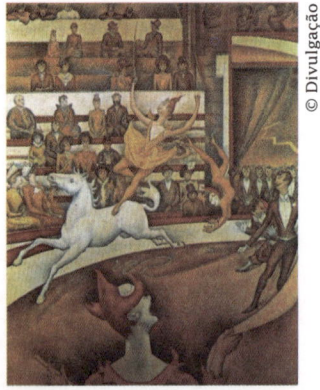

Circo (1891), de George Seurat.

Máscara utilizada como molde no grafite.

O projeto Expresso Arte, desenvolvido pelos artistas "OsGemeos", visa preservar os trens e estações da CPTM de São Paulo (2005).

Pichação e grafite são a mesma coisa?

"Há quem diga que pichação e grafite são a mesma coisa. De fato, ambos se apoiam no proibido, na surpresa, e se definem como forma de intervenção e transgressão no espaço urbano. No entanto, existem algumas diferenças: grafites são mais figurativos e trazem símbolos da cultura *pop*, como desenhos animados, personagens em quadrinhos, frases de protesto, figuras do *hip-hop* e outros símbolos. É de rápida aplicação. Podem ser feitos com *spray*, rolinhos de tinta, látex, pincéis e máscaras. A pichação, em geral, é mais rápida e não figurativa, resumindo-se a nomes e palavras de ordem aplicados com *spray* de uma só cor. Costuma ser mais agressiva, chegando a invadir espaços internos, como pátios escolares, banheiros públicos, estátuas, monumentos, topos mais altos de edifícios e outros lugares de difícil acesso, como uma demonstração de força das turmas. Seus adeptos gostam de andar em grupos, que agem com violência quando outros pichadores invadem seu território."

SILVA, Maria Cristina. *Avisa Lá*, São Paulo, nº 13, jan. 2003.

O PÓS-GRAFITE

O cenário caótico das cidades é composto também pelo uso de *stickers* (adesivos), conhecido como *street art* (arte de rua) ou pós-grafite. Artistas de rua de diferentes países produzem ilustrações em papéis adesivos (*stickers*), vinil e pôsteres gigantes, e colam as imagens pelos quatro cantos do mundo. Além de as colarem em sua cidade, enviam-nas pelo correio e acompanham sua exposição pela internet por meio de fotos.

A ideia dos artistas coladores é fazer com que as pessoas olhem para sua cidade e vejam algo diferente de *outdoors* e anúncios. Eles disputam a atenção dos passantes com as propagandas e as milhares de mensagens de "compro", "aluga-se", "vende-se", "vote" etc. Caveiras, pombas, corações e outras imagens são coladas em muros, tapumes, postes, pontos de ônibus, no chão, em lixeiras e outros cantos urbanos, e nem sempre são notados por quem não conhece esse projeto.

A arte do grafite e dos *stickers* é breve. Os artistas que usam a rua como suporte sabem que seu trabalho não vai durar ou permanecer para sempre naquele lugar. A chuva, o sol, o tempo e as camadas de tinta destroem as obras dos muros, arrancam as colagens dos postes. Mas logo outro trabalho substitui o que se foi e, assim, a paisagem se transforma rapidamente, acompanhando a velocidade de nossas vidas.

A arte dos *stickers* é breve, pois sofre com as intempéries da natureza.

Metrópole, culturas juvenis e suas formas de expressão

"A vida na metrópole contemporânea está cada vez mais agitada e colorida. Os muros, paredes e postes da cidade enchem nossos olhos com as mensagens gráficas dos grafites, pichações e *stickers*. Na concorrência com os anúncios publicitários e políticos, com as arquiteturas, organizações urbanísticas e as sinalizações de toda espécie, esse tipo de prática vai se expandindo pelas grandes cidades mundiais na medida em que as culturas juvenis vão se destacando na esfera cultural, social, econômica e política.

A metrópole do homem na multidão de Edgar Allan Poe já salientava, no século XIX, a aglomeração de pessoas nas ruas, a velocidade, o fluxo constante de informações; um labirinto de imagens que promovia a sensação de embriaguez. A sensibilidade do homem metropolitano alterava-se: o excesso de estímulos nervosos já mexia com a visualidade, a audição e o tato; a atitude *blasé* trazia o ar de indiferença e reserva. A partir daí, não mais nos deixamos perder pelos seus labirintos, não olhamos a cidade. Apesar disso, a cidade pode ser lida; é espaço de leitura. Para isso é preciso retomarmos a sensibilidade visual, sonora e tátil do *flâneur*. Há um complexo sistema de práticas e um sofisticado universo imaginário inscrito nessas superfícies.

A metrópole é espaço de escritura sobre o qual várias parcelas da sociedade vão deixando suas marcas. Os jovens são responsáveis por boa parte dessa escritura, já que seus nomadismos os colocam em fluxo constante. A sensibilidade e prazer estéticos característicos do *Homo Sapiens* encontram aí solo fértil para seu desenvolvimento. As marcas juvenis que cobrem as cidades trazem, nas suas formas, a convergência de linguagens e a estética da diversidade que as caracterizam.

Essas escrituras juvenis são formas de expressão resultantes de suas práticas cotidianas, a começar pela construção das identidades e dos pertencimentos grupais que resistem à homogeneização e indiferença da sociedade midiática. As novas formas de sociabilidade encontram nessas práticas de intervenções coletivas as delimitações das apropriações territoriais e das atuações políticas; a intervenção gráfica nas ruas é também uma forma de luta e de debate ideológico; um formato atual de contracultura que privilegia a consciência, a expressão e a denúncia.

Através das intervenções estes jovens refazem sua relação com a metrópole; transformam suas paredes, muros e postes em territórios apropriados, repletos de afetividades, relações, histórias. Basta lermos."

OLIVEIRA, RITA ALVES. *RUA: A ARTE QUE NINGUÉM VÊ*. SÃO PAULO: SESC SANTO AMARO, 2005.

Atividades didáticas

Objetivos

Ao final das atividades, esperamos que os alunos sejam capazes de:
- Conhecer a história do grafite e a obra de grafiteiros importantes.
- Compreender o grafite como uma produção artística.
- Identificar em suas cidades as interferências artísticas, como grafites e *stickers*.
- Produzir grafites em diferentes suportes, como tecido e papel, e confeccionar máscaras para base de desenhos.
- Refletir e formar opinião sobre a questão da invasão do espaço público e a preservação do patrimônio.

Duração

100 minutos (2 aulas)

Material
- Papel-cartão, radiografias velhas ou papel sulfite A4 ou A3
- Estilete
- Tinta *spray* de várias cores
- Rolo de papel kraft
- Tintas de tecido
- Pincéis e esponjas

1. Compreensão de conceitos

Inicie a atividade perguntando aos alunos:
- O que sabem sobre grafite?
- O que pensam sobre essa manifestação: é arte ou sujeira?
- Existem muitos grafites em seu bairro?
- Vocês prestam atenção aos muros da cidade enquanto se locomovem?
- Grafitar a cidade é considerado crime. Por quê?

O que diz a legislação

A repressão penal à poluição visual se concentra na proteção contra a degradação de bens protegidos por leis ou atos administrativos, assim como a quaisquer bens particulares ou públicos mediante *pichação, grafite ou qualquer outro meio.*

A estética urbana é um bem juridicamente protegido na Constituição Federal, artigo 216, pois integra o patrimônio cultural (conjunto urbano de valor paisagístico). Ela é citada como objeto de proteção da degradação ambiental no artigo 3º, III, d, da Lei 6.938/81, que define a Política Nacional do Meio Ambiente.

2. Vamos grafitar!

Proponha aos alunos a criação de uma máscara de grafite (veja modelo na página 44). O desenho deve ser simples, sem muitos detalhes, para não dificultar a elaboração da máscara. O suporte para o desenho pode ser papel-cartão ou radiografia velha – material mais resistente, porém mais difícil de recortar.

Elaborado o desenho, os alunos recortarão a parte interna da imagem, mantendo pequenos pedaços para que a imagem não se desprenda do papel-cartão. Para a realização desse recorte será necessário o uso de estilete, ferramenta que exige cuidado e atenção. Por isso, é importante que o professor divida os alunos em pequenos grupos e acompanhe de perto essa etapa.

Se houver dúvida quanto à utilização do estilete, proponha uma máscara mais simples. Distribua uma folha de papel sulfite tamanho A4 ou A3, peça que os alunos dobrem várias vezes. Solicite que façam alguns cortes nas laterais e nas pontas do papel. Ao abri-lo, os alunos terão uma espécie de molde, com desenhos vazados. Essa "máscara" terá uma duração inferior, pois o papel sulfite rasga facilmente com a utilização da tinta. Recomenda-se a impressão da imagem com esponja molhada em tinta guache, preparada com pouca água.

PARA FAZER SUA MÁSCARA DE GRAFITE

Você vai precisar de:
- Lápis ou lapiseira
- Papel para desenho
- Grampeador de papel e grampos
- Papel-carbono
- Papel-cartão
- Caneta hidrográfica de ponta grossa azul e vermelha
- Estilete
- Vidro de apoio para o corte com o estilete

Como fazer:
- Faça a imagem que deseja transformar em estêncil (máscara) sobre o papel para desenho.
- Com o grampeador fixe o desenho sobre o cartão e, com o papel-carbono, passe a

imagem para o papel-cartão.
- Retire os grampos, deixando apenas a cópia da imagem sobre o cartão.
- Com a caneta azul refaça o desenho reforçando todas as linhas.
- Com a caneta vermelha faça a cada 3 centímetros (mais ou menos) pequenos traços perpendiculares às linhas azuis do seu desenho.
- Com cuidado corte todos os pedacinhos azuis das linhas, respeitando os limites determinados pelas linhas vermelhas.

Pronto, agora você já tem o seu estêncil!

Lembre-se:
- Comece com desenhos simples para depois criar máscaras mais complexas.
- Se você desenhar direto no papel-cartão, dispensará toda aquela parte do papel-carbono.
- Se desejar colorir as áreas internas da sua imagem, faça outras máscaras com o mesmo formato da área que quer colorir.
- Cartolina é muito fina e mole, portanto, use sempre um cartão mais resistente.
- Os *sprays* de tinta automotiva são melhores que os de esmalte sintético, pois secam mais rapidamente.
- Sempre que for usar tinta *spray*, observe na lata se ela não contém CFC, que é um gás prejudicial à natureza.
- Proteja sempre a pele, os olhos, o nariz e a boca. Para isso existem luvas, óculos e máscaras especiais.
- Os jatos de tinta devem ser de curta duração e nunca com a lata parada no mesmo ponto.
- Procure manter sua mão sempre em movimento enquanto o jato de tinta estiver saindo da lata.
- Caso queira uma área com uma cor bem forte, aplique diversas camadas finas de tinta até obter uma cor homogênea.
- Espere até que cada uma das camadas seque bem, caso contrário a tinta escorrerá.
- A lata deverá ser usada na posição vertical e a aproximadamente um palmo (20 centímetros) do estêncil.
- Mantenha o estêncil fixo no lugar; vale usar, até mesmo, pequenos pedaços de fita adesiva (crepe).
- Para conservar suas máscaras, limpe-as com um pano seco e deixe-as secar bem antes de guardar.
- Finalmente, caso você suje as mãos ou o corpo, não se preocupe: um bom banho resolverá.

Fonte: Augusto Citrangulo, Ateliê Volkano.

Finalizada a máscara, é hora de definir com os alunos onde os desenhos serão grafitados. Há duas possibilidades: produzir um painel ou estampar camisetas.

No primeiro caso, converse com o diretor da escola para saber se é possível usar algum muro externo ou interno da escola. Se não for viável, ainda há a possibilidade de forrar um muro com um grande papel kraft e realizar o painel. Quando estiver pronto, escolham um local na escola para pendurar o trabalho.

Para estampar camisetas, será necessário comprar tinta de tecido, pincéis e esponjas. É importante alertar os alunos sobre a escolha da cor da camiseta, pois as cores escuras dificultam o trabalho. Para imprimir:
- Fixe a máscara sobre a camiseta com fita-crepe.
- Coloque um papelão dentro da camiseta para deixá-la bem esticada.
- Pinte as áreas livres do molde com pincel ou a esponja.
- Deixe secar bem.

Pronto! Aí está uma camiseta grafitada!

3. Mapeamento de grafites e pichações

Material
- Máquina fotográfica
- Cadernos de anotações
- Lápis
- Papel sulfite
- Prancheta

Esta atividade tem o objetivo de promover a observação e a documentação dos grafites, pichações e *stickers* presentes na cidade.

Solicite aos alunos que fotografem os locais onde encontraram pichações e grafites e que anotem o nome da rua, do bairro, o nome do prédio e, principalmente, a data da fotografia. Peça que tragam essas fotos e construam um painel com esse mapeamento, deixando espaço para "antes" e "depois".

Após algum tempo, solicite que voltem a esses lugares e verifiquem se aquelas inscrições permanecem no local ou se houve alguma modificação, e que fotografem novamente o mesmo lugar.

Socializem as novas fotografias, complementando o painel, e proponha uma discussão sobre a alteração da paisagem da cidade e a velocidade dessa mudança.

Avaliação

Proponha a escrita de um texto opinativo sobre a arte do grafite. Ofereça um roteiro de apoio para a redação:

Introdução
- Apresente o que é o grafite e a diferença entre pichação e grafite.
- Em sua opinião, o grafite é uma arte?

Desenvolvimento
- Os grafiteiros queriam que seus trabalhos ficassem nas ruas, e não que estivessem presos dentro das galerias e museus. O que você pensa sobre isso?
- Dos artistas grafiteiros que você conheceu, de qual mais gostou? Por quê?
- Como foi a experiência de produzir uma máscara?

Conclusão

Se pudesse grafitar sua imagem em algum lugar da cidade, em qual seria? Por quê?

REFERÊNCIAS BIBLIOGRÁFICAS

ANJOS, Moacir dos. *Local/Global: arte em trânsito*. Rio de Janeiro: Jorge Zahar, 2005.

BASSANI, Jorge. *As linguagens artísticas e a cidade – cultura urbana do século XX*. São Paulo: FormArte, 2005.

BRILL, Alice. *Da arte e da linguagem*. São Paulo: Perspectiva, 1988.

CANTON, Kátia. *Espelho de artista*. São Paulo: Cosac Naify, 2004.

DORE, Helen. *A arte dos retratos*. Rio de Janeiro: Ediouro, 1996.

FOLHA DE S. PAULO, 30 set. 2009. Ilustrada, coluna obituário.

GITAHY, Celso. *O que é graffiti*. São Paulo: Brasiliense, 1999.

IANNONE, Leila Rentroia. *Com a ponta dos dedos e dos olhos do coração*. São Paulo: Editora do Brasil, 2005.

LIMA, Mayumi Watanabe de Souza. *A cidade e a criança*. São Paulo: Nobel, 1989.

OLIVEIRA, Rita Alves. *Rua: a arte que ninguém vê*. São Paulo: Sesc Santo Amaro, 2005.

PESSOA, Fernando. *O guardador de rebanhos e outros poemas*. São Paulo: Cultrix, 2004.

RAMOS, Célia M. Antonucci. *Grafite, pichação e cia*. São Paulo: Annablume, 1994.

READ, Herbert. *O significado da arte*. Lisboa: Ulisseia, 1967.

RIDLEY, Philip. *Kid Grafisco*. São Paulo: Companhia das Letras, 2000.

SANT'ANNA, Renata; PRATES, Valquíria. *Leonilson: gigante com flores*. São Paulo: Paulinas, 2007.

_____. *O olho e o lugar*. São Paulo: Paulinas, 2009.

SILVA, Maria Cristina. Pichação e grafite são a mesma coisa? *Avisa lá*, São Paulo, nº 13, jan. 2003.

WOODFORD, Susan. *A arte de ver a arte. Introdução à história da arte da Universidade de Cambridge*. Rio de Janeiro: Jorge Zahar, 1983.

Sites
www.dpto.com.br/museuvirtual
www.elomusic.com.br
www.dominiopublico.com.br
www.musica.com